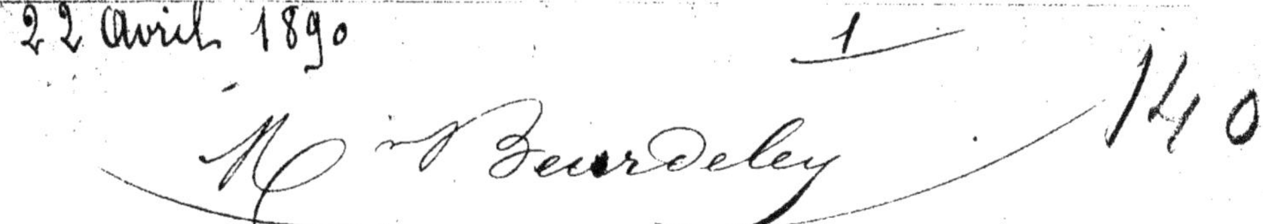

Vente LANGUEREAU

Les Mardi 22, Mercredi 23, Jeudi 24 et Vendredi 25 Avril 1890

A DEUX HEURES PRÉCISES

23, BOULEVARD BEAUMARCHAIS, 23

POUR

BRONZES D'ART, D'AMEUBLEMENT

ET DE GRANDE DÉCORATION

AVEC DROIT DE REPRODUCTION

PROVENANT

Fabricant de Bronzes à Paris

PAR SUITE DE CESSATION DE FABRICATION

EXPOSITION PUBLIQUE

Les Dimanche 20 et Lundi 21 Avril 1890

DE 10 HEURES DU MATIN A 4 HEURES DU SOIR

Me Frédéric LECOCQ, COMMISSAIRE-PRISEUR, 20, rue de la Victoire, 20

M. G. SERVANT, EXPERT, 61, rue de Saintonge, 61

PARIS — 1890

IMPRIMERIE MAULDE ET RENOU

A. MAULDE & Cie

IMPRIMEURS DE LA COMPAGNIE DES COMMISSAIRES-PRISEURS

Rue de Rivoli, 144. — Paris

Montant de mes achats — 9150

frais 5% — 457.50

Total — 9607.50

CATALOGUE

DES

MODÈLES

POUR

BRONZES D'ART, D'AMEUBLEMENT

ET DE GRANDE DÉCORATION

AVEC DROIT DE REPRODUCTION

Torchères, Cartels, Chenets, Garnitures de cheminée
Pendules, Candélabres seuls, Flambeaux
et divers, grands Groupes **Pêche et Chasse** et Vases de Versailles

PROVENANT

Fabricant de Bronzes à Paris

Par suite de Cessation de Fabrication

DONT LA VENTE AUX ENCHÈRES PUBLIQUES AURA LIEU

23, BOULEVARD BEAUMARCHAIS, 23

Les Mardi 22, Mercredi 23, Jeudi 24 et Vendredi 25 Avril 1890

A DEUX HEURES PRÉCISES

Me Frédéric LECOCQ
COMMISSAIRE-PRISEUR
20, rue de la Victoire, 20

M. G. SERVANT
EXPERT
61, rue de Saintonge, 61

EXPOSITION PUBLIQUE

Les Dimanche 20 et Lundi 21 Avril 1890

DE 10 HEURES DU MATIN A 4 HEURES DU SOIR

PARIS — 1890

CONDITIONS DE LA VENTE

Elle sera faite au comptant.

Les Acquéreurs paieront, en sus des enchères, CINQ POUR CENT, applicables aux frais.

Ils seront tenus de prendre la **Fonte brute** existant pour chacun des Modèles, au prix de **3 francs 50 le kilogramme.**

Le **Poids de la Fonte** sera indiqué au moment de la mise en vente de chaque Modèle.

La **livraison** mettant les acquéreurs à même de vérifier l'état des objets vendus, de même que les quantités ou poids énoncés, il ne sera admis aucune réclamation, une fois la **livraison opérée**.

NOTA. — La Lustrerie et tout le Luminaire feront l'objet d'une seconde vente.

TABLE

	Pages
GARNITURES DE CHEMINÉES, PENDULES, CANDÉLABRES SEULS....	3
CHENETS	15
CARTELS	25
TORCHÈRES, TRÉPIEDS	28
GROUPES, FIGURES	29
CARIATIDES, FIGURES DE SUPPORT	31
FLAMBEAUX ET BOUGEOIRS	33
VASES	44
SURTOUT DE TABLE LOUIS XIV	46
DIVERS	46

DÉSIGNATION

GARNITURES DE CHEMINÉES PENDULES ET CANDÉLABRES SEULS

1 — Pendule **Louis XVI**, grand modèle, à Draperie, n° 1.

2 — Candélabre **Trianon**, n° 1, à 10 lumières.
Fondu sur ancien.

3 — Pendule **Louis XVI**, n° 2. Réduction du précédent.

4 — Candélabre **Trianon**, n° 2, à 7 lumières.

5 — Pendule **Louis XVI**, n° 3. Réduction du précédent.

6 — Candélabre **Trianon**, n° 3, à 7 lumières.

7 — Pendule **Louis XIV**, grand modèle, à baldaquin, quatre Consoles Têtes de femmes.

8 — Candélabre grand modèle d'accompagnement, à 10 lumières.

9 — Pendule **Louis XIV**, grand modèle, Triton et Naïade, pour marqueterie.

10 — Pendule **Louis XIV**, Tête de lion et Mappemonde.

Fondu sur ancien.

11 — Pendule **Louis XVI**, grand modèle, Enfants aux Nuages, n° 1.

12 — Candélabre d'accompagnement, le pied seulement, les Enfants sont en plâtre seulement.

13 — Pendule **Louis XVI**, n° 2, Enfants aux nuages.

Fondu sur ancien.

14 — Candélabre d'accompagnement, **Enfants voltigeant.** Sans lumières.

15 — Pendule **Louis XVI**, grand modèle, à deux consoles, Vase trépied, Têtes de bélier.

16 — Candélabre d'accompagnement à trois consoles et à 10 lumières.

17 — Pendule **Louis XVI**, moyen modèle, à deux consoles, Vase trépied, Têtes de bélier.

18 — Candélabre d'accompagnement à trois consoles et 7 lumières.

19 — Pendule **Louis XVI**, grand modèle, fronton à deux figures Femmes et Enfants Nuages, n° 1.

20 — Même Modèle, n° 2.

21 — Même Modèle, n° 3.

Fondu sur ancien.

22 — Pendule **Louis XVI**, grand modèle à glaces, sur socle à gorge, Vase à guirlandes de fleurs, n° 1.

24 — Pendule **Louis XVI**, même modèle, socle bas, n° 2.

25 — Pendule **Louis XVI**, même modèle, socle à frises, n° 3.

26 — Candélabre d'accompagnement à quatre consoles et draperie, à 5 lumières.

27 — Pendule **Louis XVI**, grandes volutes, n° 1.

Avec pièces détachées pour marbre.

28 — Candélabre d'accompagnement à 10 lumières, à vase.

29 — Pendule **Louis XVI**, grandes volutes, n° 2.

30 — Candélabre d'acompagnement à 7 lumières.

31 — Pendule **Louis XVI**, grandes volutes, n° 3.

32 — Candélabre d'accompagnement à 7 lumières.

33 — Pendule **Louis XIV**, grand modèle à deux Têtes de femme, gros pieds à griffes.

34 — Pendule **Louis XIV**, n° 1, socle guirlande allongée.

35 — Candélabre d'accompagnement à 5 lumières.

36 — Pendule **Louis XIV,** n° 2.

Fondu sur ancien.

37 — Pendule **Louis XIV,** Jour et Nuit, deux Enfants et Coq.

Fondu sur ancien.

38 — Pendule **Louis XIV**, grand modèle, Astronomie.

39 — Pendule **Louis XIV,** petit modèle, réduction du précédent.

Fondu sur ancien.

40 — Pendule **Louis XIV,** grand modèle, n° 1, à Sphinx ou à Colonnes et Vase.

41 — Candélabre d'accompagnement à 10 lumières.

42 — Pendule **Louis XIV,** n° 2, à Sphinx ailés.

43 — Candélabre d'accompagnement à 7 lumières.

44 — Pendule **Louis XIV,** à grandes feuilles et vase.

Fondu sur ancien.

45 — Candélabre d'accompagnement à 4 lumières.

46 — Pendule **Louis XIV,** grand modèle, à volutes chêne et laurier.

47 — Candélabre d'accompagnement à 10 lumières.

48 — Pendule **Louis XVI,** grand modèle, Vase à guirlandes de chêne et à quatre consoles.

Grandie sur modèle ancien.

49 — Candélabre d'accompagnement à trois consoles, pied triangulaire et à 10 lumières. 210

50 — Pendule **Louis XVI,** Vase à guirlandes de chêne et à quatre consoles.

Fondu sur ancien.

51 — Candélabre d'accompagnement à 4 lumières, sans le bas socle.

52 — Pendule **Louis XIV,** à quatre consoles, tambour à Têtes de lion et anneaux. Vase incomplet.

53 — Pied de Candélabre d'accompagnement.

54 — Pendule **Louis XIV,** Enfants pilastres grand modèle.

55 — Pendule **Louis XIV,** Enfants pilastres, petit modèle.

Fondu sur ancien.

56 — Candélabres d'accompagnement, Enfants jumeaux, à 4 lumières.

Fondu sur ancien.

57 — Pendule **Renaissance.**

58 — Candélabre d'accompagnement à 5 lumières.

59 — Pendule Le Temps, style **Louis XIV,** sur socle à gorge.

Fondu sur ancien.

60 — Candélabre d'accompagnement à 5 lumières.

61 — Pendule **Louis XIV,** Têtes de femme et grillage (Pour marqueterie).

CROZATIER.

62 — Pendule **Louis XIV,** grand modèle, à Têtes de lion et anneaux.

63 — Candélabre d'accompagnement à 10 lumières.

64 — Pendule **Louis XIV,** grand modèle, à deux Enfants ailés, Aigle et Oiseaux.

65 — Pendule **Louis XIV,** Enfants agriculteurs.

66 — Pendule **Louis XIV,** grand modèle, Femme assise tenant une lyre et deux Enfants.

67 — Pendule **Louis XIV,** grand modèle, Enfants, Guirlandes de fleurs et Oiseaux.

68 — Pendule **Louis XIV,** grand modèle, à deux Enfants ailés et couchés, Oiseaux.

69 — Pendule **Louis XV,** grand modèle.

70 — Candélabre d'accompagnement. Incomplet.

En plâtre seulement.

71 — Pendule **Louis XV,** très grand modèle, Femme avec Amour, Animaux et Fleurs.

72 — Candélabre **Palmier,** d'accompagnement, à 12 lumières.

73 — Pendule **Louis XV**, grand modèle, Seine et Ville de Paris, sur socle et Vase.

74 — Pendule **Louis XV,** Trophée de musique, Vase têtes de lion, sur socle terrasse.

75 — Pendule **Louis XV,** Trophée, Musette, Houlette et Oiseaux sur le haut.

76 — Pendule **Louis XVI,** Tragédie et Comédie, avec Vase pour mouvement circulaire.

Fondu sur ancien.

77 — Pendule **Louis XVI,** à quatre colonnes et deux consoles, balancier Soleil.

78 — Pendule **Louis XVI,** à quatre colonnes, Vase Enfants et Draperie, pour socle marbre.

79 — Candélabre d'accompagnement à quatre consoles et 8 lumières, pour socle marbre.

80 — Pendule **Louis XVI,** à deux consoles cage carrée, Vase ovale à Têtes de bélier et Chêne.

82 — Pendule **Louis XVI,** à quatre Têtes d'aigle et Griffes, socle à draperie.

83 — Candélabre d'accompagnement à 7 lumières.

84 — Pendule **Louis XVI,** à fût cannelé, Chutes et Guirlandes de fleurs, sans le vase, frises et rosaces en galvano.

86 — Pendule **Louis XVI,** à fût cannelé, Vase rond, Chutes et Guirlandes de laurier.

Fondu sur ancien.

87 — Candélabre d'accompagnement à 5 lumières.

88 — Pendule **Louis XVI,** à Trophée sur cage carrée, socle cannelé à guirlandes.

89 — Candélabre d'accompagement à 7 lumières.

90 — Pendule **Louis XVI**, à deux Femmes rinceaux, Vase à bas-relief pour mouvement circulaire.

91 — Pendule **Louis XVI,** Cage carrée, dessus ovale et Feuilles de laurier.

92 — Pendule **Louis XVI,** Enfant studieux.

Fondu sur ancien.

93 — Pendule **Louis XVI,** Astronomie, deux Figures femme et enfant.

Fondu sur ancien.

94 — Pendule **Louis XVI,** Femme liseuse et Enfant, sur socle à canaux et longue guirlande, sans bas socle.

95 — Pendule **Louis XVI,** Vénus allaitant l'Amour.

Fondu sur ancien.

96 — Pendule **Renaissance,** cage carrée à dôme à écailles.

97 — Bout-de-Table à deux branches d'accompagnement.

98 — Pendule **Louis XVI,** cage et socle carré, Vase rond, Rosaces ovales en saillie sur le côté.

99 — Pendule **Louis XVI**, cage en dôme, consoles, Vase à anses carrées.

100 — Pendule **Louis XVI,** grand modèle, à Glace avec Galerie et Balustres.

Fondu sur ancien.

101 — Pendule **Louis XVI**, à Glace, dessus gravé.

102 — Pendule **Louis XVI**, à Glace, dessus uni.

103 — Pendule **Louis XVI**, à Glace, à Guirlandes sur trois faces, petit Vase à fleurs.

104 — Pendule **Louis XVI**, à Glace, deux consoles à guirlandes, Vase à Têtes de bélier.

105 — Candélabre d'accompagnement à trois consoles, pied rond et à 4 lumières.

106 — Pendule **Louis XVI,** à Glace, deux consoles à guirlandes, Vase anses à rinceaux.

107 — Candélabre d'accompagnement, deux consoles, pied carré à 6 lumières.

108 — Pendule **Louis XVI**, à Glace et à Dôme.

109 — Pendule **Louis XVI,** à deux Enfants tenant des guirlandes de fleurs.

110 — Pendule **Louis XVI,** à quatre consoles et à Vase.

111 — Candélabre d'accompagnement à 5 lumières.

112 — Pendule **Louis XVI**, à deux consoles, tambour sur fût rond cannelé.

113 — Pendule grand modèle **Trophée militaire**.

114 — Candélabre d'accompagnement, Trophée à 7 lumières.

115 — Pendule **Louis XVI,** grand modèle, Seine et Ville de Paris.

116 — Pendule **L'Histoire,** grand modèle, avec palmes.

117 — Pendule grand modèle, à **Cadre ovale** et deux Enfants debout.

118 — Pendule **Louis XVI,** à consoles et Nuages.

119 — Pendule **Louis XVI,** fût carré, à consoles sur pied contourné.

120 — Bout-de-Table d'accompagnement à 2 branches.

121 — Pendule **Femme assise,** sur tambour, socle carré à consoles cannelées.

122 — Pendule **Louis XVI,** fût carré, à consoles sur pied contourné.

123 — Pied d'accompagnement.

124 — Pendule **Orientale,** cadran Boule sur socle ovale.

125 — Candélabre **Louis XIV,** Palmier à deux Enfants, partie et contre-partie avec fleurs et coquilles. Sans lumières.

126 — Candélabre **Louis XIV,** réduction du précédent. Sans lumières.

127 — Candélabre **Louis XVI,** à médaillons, pied à couronne.

128 — Candélabre **Louis XVI,** à trois consoles pieds de biche.

129 — Candélabre **Louis XVI,** Vase à Femmes, pieds de biche, tenant des couronnes.

130 — Candélabre **Louis XVI,** Cassolette, tige à serpent, trois Consoles à Têtes de bélier, sans bouquet.

131 — Candélabre **Louis XVI,** vase à canaux tors, consoles à Têtes de femme, pied triangulaire.

132 — Candélabre **Louis XVI,** Cassolette à trois femmes pied de bouc, branches Têtes d'aigle, à griffes.

Fondu sur ancien.

133 — Candélabre Autruches, **Louis XVI,** à 7 lumières.

Fondu sur ancien.

134 — Candélabre **Louis XIV,** à trois consoles et gros balustre, à 7 lumières.

135 — Candélabre **Louis XIV,** pied à trois Sphinx, trois branches Têtes de bélier.

Fondu sur ancien.

136 — Candélabre **Louis XVI,** à Dauphins, pied à trois consoles lambrequin, sans bouquet.

Fondu sur ancien.

137 — Candélabre **Louis XVI,** Cassolette à gorge cannelée, trois consoles Têtes de bélier. Sans lumières.

Fondu sur ancien.

138 — Détails de Pendule à glace.

139 — Détails de Pendule à glace.

140 — Pendule **Louis XVI,** gros tambour cannelé, feuille volute et pomme de pin.

Fondu sur ancien.

141 — Pendule **Louis XVI,** Enfants au raisin, sur Fût cannelé avec tors lauriers. Plus, un second Fût cannelé à bandeau.

142 — Petit Fût cannelé pour pied.

143 — Socle de **Pendule triangulaire,** à chutes de fleurs, disposé pour groupe trois Grâces.

144 — Pendule **Louis XVI,** à deux consoles et Vase.

145 — Pendule **Louis XVI,** à grosses feuilles volutes, socle à gorge cannelé. Incomplet.

146 — Pendule **Louis XVI,** à volutes couchées pour boule ou vase.

147 — Pendule **Louis XVI,** Serpent, à vase pour mouvement circulaire.

Fondu sur ancien.

148 — Bout-de-Table d'accompagnement à 2 lumières.

149 — Pendule **Louis XVI,** même modèle que ci-dessus, agrandi.

150 — Angle pour pied de Candélabre.

151 — Pendule **Louis XVI,** à chapiteau ionique, sans vase.

152 — Pendule **Louis XVI,** à consoles, épis et panache.

152 *bis* — Pied et Console d'accompagnement.

153 — Pendule **carrée,** laurier, rubans et vase.

154 — Pendule **Louis XV,** Oiseaux sur terrasse.
Fonte seulement.
Fondu sur ancien.

155 — Pendule à **deux Enfants**, sur pied à fleurons et bouquets de fleurs.

156 — Pied de Candélabre d'accompagnement avec Enfant.

157 — Devant de Pendule **Louis XIV**, pour cage marqueterie.

158 — Pendule **Louis XV,** sur socle terrasse.
Fonte seulement.

CHENETS

DES STYLES LOUIS XIII, LOUIS XIV, LOUIS XV ET LOUIS XVI

159 — Chenet **Louis XIII,** grosse boule, gravé et pied à Tête de femme couronnée.
Fondu sur ancien.

160 — Chenet **Louis XIII,** pied à Dauphin, avec bas socle, grand modèle.
Fondu sur ancien.

161 — Chenet **Louis XIII,** pied à Dauphin, avec bas socle, moyen modèle.
Fondu sur ancien.

162 — Chenet **Louis XIII,** pied à Tête de femme couronnée, sans socle.

Fondu sur ancien.

163 — Chenet **Louis XIII,** pied à Tête de femme couronnée, avec socle, petit.

Fondu sur ancien.

164 — Chenet **Louis XIII,** pied à Tête de femme couronnée, avec socle, petit.

Fondu sur ancien.

165 — Chenet **Louis XIII,** Vase à pans et godrons, sur socle carré, coins creux.

Fondu sur ancien.

166 — Chenet **Louis XIV**, Pluton et Proserpine.

Fondu sur ancien.

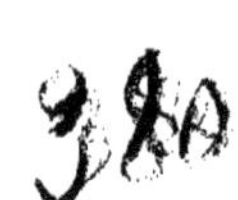

167 — Chenet **Louis XIV,** petits Savoyards et Chiens.

Fondu sur ancien.

168 — Chenet **Louis XIV,** Vase ovale à anses sur socle riche.

CROZATIER.

169 — Chenet **Louis XIV**, dépouilles de Lion, Vase et Pyramide.

Fondu sur ancien.

170 — Chenet **Louis XIV,** pied carré, Tête de lion, grande bande à godrons.

171 — Chenet **Louis XIV,** Pyramide, pied carré.

Fondu sur ancien.

172 — Chenet **Louis XIV,** genre Pyramide, Tête de femme, Raisin, pied à griffes.

173 — Chenet **Louis XIV,** Vase long, Socle carré à patins.

Fondu sur ancien.

174 — Chenet **Louis XIV,** à Lyre et Obus, Têtes de lion et satyre, grand modèle.

Fondu sur ancien.

175 — Chenet **Louis XIV,** Vase ovale, Têtes de bélier, Médaillon et patins carrés, grand modèle.

Fondu sur ancien.

176 — Chenet **Louis XIV,** à Têtes de vieillards et Chutes de lauriers, grand modèle.

Fondu sur ancien.

177 — Chenet **Louis XIV**, Vase à guirlandes de fleurs, sur fûts à griffes, grand modèle.

Fondu sur ancien.

178 — Chenet **Louis XIV,** dépouille de Lion, à double pilastre, Pommes de pin et Pyramide, grand modèle.

Fondu sur ancien.

179 — Chenet **Louis XIV,** Enfants forgerons, Vase guirlandes de chêne, grand modèle.

Fondu sur ancien.

180 — Chenet **Louis XIV,** Vase, Console à feuilles, guirlandes de lauriers, petit modèle.

Fondu sur ancien.

181 — Chenet **Louis XIV,** Vase à guirlande de lauriers, Tête de satyre sur le pilastre.

Fondu sur ancien.

182 — Chenet **Louis XIV**, Vase trépied, Têtes de lion, grande frise et petits canaux à fleurons.

Fondu sur ancien.

183 — Chenet **Louis XIV,** gros Vase écrasé, fût rond à canaux coupés et grande frise.

Fondu sur ancien.

184 — Chenet **Louis XIV**, grande feuille volute sur pilastre carré cannelé.

Fondu sur ancien.

185 — Chenet **Louis XIV,** Consoles à femmes, Couronne et Boule fleurdelysée, très grand modèle.

Fondu sur ancien.

186 — Chenet **Louis XIV**, pied triangulaire à Dauphins et Tête de vieillard.

Fonte seulement.

Avec figures **Neptune et Hermaphrodite**.

En plâtre seulement.

187 — Chenet **Louis XIV,** grand modèle, Tête de femme, avec grande buire à anse.

188 — Chenet **Louis XIV,** droit à Vase. Incomplet.

En fonte seulement.

189 — Chenet **Louis XIV**, Vase allongé, sur pied à Volute avec écusson.

En fonte seulement.

190 — Chenet **Louis XV**, grand modèle à treillage, Pierrot et Arlequin.

En fonte seulement.

Fondu sur ancien.

191 — Chenet **Louis XV**, à Lions héraldiques avec prolongement et bas-socle.

Fondu sur ancien.

192 — Chenet **Louis XV**, à Dragons sur consoles à médaillons et bas-socle.

Fondu sur ancien.

193 — Chenet **Louis XV**, Enfants beaux-arts, sur socle.

Fondu sur ancien.

194 — Chenet à **Dragons** sur consoles traversées par un Lion, avec socle.

Fondu sur ancien.

195 — Chenet **Louis XV**, Enfants, Raisins, sur bas-socle.

Fondu sur ancien.

196 — Chenet **Louis XV**, Garçon et Fille, à escalier et bas-socle.

Fondu sur ancien.

197 — Chenet **Louis XV,** à Enfants Mercure, avec bas-socle.

Fondu sur ancien.

198 — Chenet **Louis XV,** à Fleurettes, sur pilastres, avec Vase.

Fondu sur ancien.

199 — Chenet **Louis XV,** grande feuille, sur bas-socle.

Fondu sur ancien.

200 — Chenet **Louis XV,** Enfants Vendange, sur socle.

Fondu sur ancien.

201 — Chenet **Louis XV,** à Feuilles rocaille, sur socle.

Fondu sur ancien.

202 — Chenet **Louis XV,** Enfants à la Coupe.

Fondu sur ancien.

203 — Chenet **Louis XV,** à grandes Graines et Feuilles.

Fondu sur ancien.

204 — Chenet **Louis XV**, petites Feuilles.

Il manque les Enfants et les Graines.

Fondu sur ancien.

205 — Chenet **Louis XV,** Enfants, Bouclier, Casque et Mappemonde, sur socle.

Fondu sur ancien.

206 — Chenet **Louis XV,** grand rocaille, Dragons et Chimère, sur socle (Deux modèles de socles).

Fondu sur ancien.

207 — Chenet **Louis XV,** grand modèle avec vase à fleurs sur pilastre.

Fondu sur ancien.

208 — Chenet **Louis XV,** à Enfants, bas-socle.

Fondu sur ancien.

209 — Chenet **Louis XV,** avec branches de fleurs sur socle.

Fondu sur ancien.

210 — Chenet **Louis XV,** rocaille, Enfants, Fille et Garçon, sans socle.

Fondu sur ancien.

211 — Chenet **Louis XV,** Enfants buveurs.

Fondu sur ancien.

212 — Chenet **Louis XV,** Régence à Têtes de femme sans socle.

Fondu sur ancien.

213 — Chenet **Louis XV,** Régence à Têtes de femme, avec socle.

215 — Chenet **Louis XV,** rocaille droit, sur socle bois.

En fonte seulement.

Fondu sur ancien.

216 — Chenet **Louis XVI,** grand modèle, à Enfants rinceaux et Vase.

Fondu sur ancien.

217 — Chenet **Louis XVI,** très grand modèle, vase draperie, quatre consoles et grosses guirlandes.

218 — Chenet **Louis XVI,** grand modèle droit à patins, frise, rosace carrée et pomme de pin.

Fondu sur ancien.

219 — Chenet **Louis XVI**, grand modèle, à vase sur pied rond et frise, avec retour droit.

Fondu sur ancien.

220 — Chenet **Louis XVI,** grands Aigles avec foudre, sur socles à feuilles et frises.

Fondu sur ancien.

221 — Chenet **Louis XVI,** à vases ronds élevés, à flammes, sur embases cannelées avec grande bande.

222 — Chenet **Louis XVI,** à vases sur fûts cannelés de coquille, avec branches de chêne et bande à écusson.

223 — Chenet **Louis XVI,** grand modèle, vase à draperie, guirlandes de fleurs et frises, sur bas-socle.

224 — Chenet **Louis XVI,** petit modèle, à draperie, guirlandes de fleurs, frises, sur bas-socle.

225 — Chenet **Louis XVI,** grand modèle, buire à guirlandes de fleurs et Trophée.

Fondu sur ancien.

226 — Chenet **Louis XVI,** Vase à guirlandes de lauriers et guirlandes de chêne.

Fondu sur ancien.

227 — Chenet **Louis XVI,** grand modèle, à deux Femmes, vase cassolettes, avec bas-socles.

Fondu sur ancien.

228 — Chenet **Louis XVI,** grand modèle, vase trépied, Têtes de bélier, guirlandes de fleurs et frises riches.

Fondu sur ancien.

229 — Chenet **Louis XVI,** grand modèle, Enfant sortant d'un rinceau, socle cannelé et double socle à frise.

Fondu sur ancien.

230 — Chenet **Louis XVI,** grand modèle, cassolette à fumée, sur pied rond à frise.

Fondu sur ancien.

231 — Chenet **Louis XVI,** grand modèle à vase forme poire, guirlandes et frises.

Fondu sur ancien.

232 — Chenet **Louis XVI,** grand modèle, Trépied, Cassolette à Têtes de lion, frise à enroulement avec bas-socles.

233 — Chenet **Louis XVI,** grand modèle, à vase Têtes de satyre, sur Fût rond à petits fleurons tors avec frises, deux modèles de bas-socle.

Fondu sur ancien.

234 — Chenet **Louis XVI,** à vases pointillés.

Fondu sur ancien.

235 — Chenet **Louis XVI,** grand modèle, à petite et grande cassolette, sur Fûts ronds cannelés et frises.

Fondu sur ancien.

236 — Chenet **Louis XVI,** Vase à petits canaux ornés, anses volute, bande et balustre cannelés.

237 — Chenet **Louis XVI,** Vase à Têtes de satyre, petit vase rond, sur fûts cannelés, frises et rosaces.

Fondu sur ancien.

238 — Chenets **Louis XIV**, Enfants frileux, sur socles à chutes d'eau.

Fondu sur ancien.

239 — Chenet **Louis XVI,** Vase rond, fût cannelé, avec guirlandes de lauriers.

240 — Chenet **Louis XVI,** Vase sur fût cannelé, avec gros tors de laurier.

241 — Chenet **Louis XVI,** moulures et pilastres losanges, grande galerie à balustres.

242 — Chenet **Louis XVI,** Lion couché sur socle. Incomplet.

243 — Chenet **Louis XVI**, à Vase pilastre carré, guirlande et draperie.

244 — Chenet **Louis XVI,** grande draperie (Sans boule).

Fondu sur ancien.

245 — Chenet **Louis XVI,** à brandon et rinceaux, sur socle long à canaux.

246 — Chenet **Louis XVI,** M. C., à vase et guirlandes de fleurs.

CARTELS

247 — Cartel **Louis XIV,** grand modèle, à grandes guirlande de laurier et vase.

Fondu sur ancien.

248 — Cartel **Louis XIV,** très grand modèle à Têtes de bélier, vase à grande flamme, draperie et guirlandes.

En fonte seulement.

Fondu sur ancien.

249 — Cartel **Louis XIV,** petit modèle à vase guirlande de laurier et coquille.

Fondu sur ancien.

250 — Cartel **Louis XV,** grand modèle, Jouer de flûte et Chanteuses.

Fondu sur ancien.

251 — Cartel **Louis XVI**, grand modèle, à deux Têtes de femmes.

Fondu sur ancien.

252 — Cartel **Louis XV**, à Enfants et Oiseaux.

Fondu sur ancien.

253 — Cartel **Renaissance**, J. L.

254 — Cartel **Renaissance**, pour suspendre sous une voussure.

255 — Cartel **Louis XIV**, à Tête de Méduse, draperie et vase.

Fondu sur ancien.

256 — Cartel **Louis XIV**, à Tête de lion et dépouille avec vase.

Fondu sur ancien.

257 — Cartel **Louis XIV**, à guirlandes de laurier et nœuds de rubans.

Fondu sur ancien.

258 — Cartel **Louis XIV**, Vase à Têtes de bélier grandes guirlandes de laurier.

Fondu sur ancien.

259 — Cartel **Louis XIV**, à deux petites Têtes de femme, vases à anses.

260 — Cartel **Louis XIV**, petit modèle, vase ovale à draperie et guirlandes.

Fondu sur ancien.

261 — Cartel **Louis XV**, à couronnement de branches de fleurs.

Fondu sur ancien.

262 — Cartel **Louis XV**, à Feuille contournées et Oiseaux.

Fondu sur ancien.

263 — Cartel **Louis XVI**. Cage carrée et trophée carquois.

Fondu sur ancien.

264 — Cartel **Louis XV**, petit modèle, à feuilles et bouquet de roses et marguerites.

265 — Cartel **Louis XV**, même composition que le n° 264.

266 — Cartel **Louis XVI**, pour Baromètre et Thermomètre.

Fondu sur ancien.

267 — Cartel **Louis XVI**, bijou, à deux Têtes de femme.

268 — Cartel **Louis XV**, bijou, à Fleurs et feuilles.

269 — Cartel **Louis XVI**, bijou, à Branches de laurier.

270 — Grande cage de Cartel **Louis XIV**, et volutes et feuilles. Incomplet.

Fonte seulement.

271 — Petite cage de Cartel **Louis XIV**, Incomplet.

272 — Cage de Cartel **Louis XIV**, à dents de loup. Incomplet.

Fonte seulement.

273 — Cartel **Louis XV**, à chutes de fleurs.

Fonte seulement.

TORCHÈRES, TRÉPIEDS

274 — Torchère **Louis XV**, les Quatre Saisons. Il y a quatre modèles de figures de femmes, sur gaîne avec pied carré orné. Modèle de gaîne pour remplacer les figures. Sans lumières.

275 — Torchère **Louis XIV**, grand modèle avec lanterne conique. Branche et brandon pour faire un bouquet de lumière. Sans lumières.

276 — Torchère **Louis XVI**, très grand modèle à quatre consoles, Tête de lion, quatre branches et corps de lampes.

277 — Torchère **Louis XVI**, pied à trois consoles, fortes guirlandes de chêne et corps de lampe orné de draperies.

278 — Torchère **Louis XVI**, grand modèle à quatre consoles, dont deux à feuilles et deux à griffes, pour lanterne.

279 — Torchère **Louis XVI**, Cassolette à trois consoles et grosses guirlandes de chêne.

280 — Torchère **Grecque**, à 13 lumières et deux grandeurs de pieds.

281 — Cassolette **Louis XVI**, grand modèle, Trépied trois consoles, Têtes de bélier.

Fondu sur ancien.

282 — Cassolette **Trépied**, à Têtes de bélier, calotte à canaux tournants.

GROUPES, FIGURES

283 — Grand groupe **La Pêche**, trois Enfants.

Moulé à Versailles sur l'original.

284 — Grand groupe **La Chasse**, trois Enfants.

Moulé à Versailles sur l'original.

285 — Groupe **Amour**, sur cheval marin.

Attribué à Jean Goujon.

286 — Groupe de trois Enfants, sur socle **Louis XIV**, à godrons.

287 — Réduction du précédent, sur socle rond à trois consoles.

288 — Groupe **Enfants Jumeaux**, n° 1.

Fondu sur ancien.

289 — Groupe **Enfants Jumeaux**, n° 2.

289 *bis* — Groupe **Enfants Jumeaux**, n° 3.

290 — Deux **Enfants Ailés** tendant les bras.

291 — Deux **Enfants Ailés**, sans terrasse.

292 — Enfant **Silène**, avec contre-partie, en plâtre seulement.

293 — Deux **Enfants Ailés**, avec nuages.

Fondu sur ancien.

294 — Deux figures **Chinois et Chinoise**.

295 — **Enfant** seul (pour être suspendu).

296 — Groupe de **quatre Enfants**, genre Clodion.

Fonte seulement.

Fondu sur ancien.

297 — Groupe **Pastorale**, trois figures, sur terrasse.

298 — Deux Enfants, sur socle **Louis XV**, l'un s'appuyant sur un ancre, l'autre sur un sablier.

CARIATIDES, FIGURES DE SUPPORT

299 — **Cariatide enfant** pour pilastre de cheminée ou meubles.

300-301 — Deux **Cariatides enfants**, pour pilastre de cheminée ou meuble.

302-303 — Deux figures **Flore et Zéphir** avec gaîne et accessoires.

Cheminée de Versailles.

304-305 — Deux figures **Faune et Faunesse**, n° 2, avec Cornets seulement sans bouquets.

D'après CLODION.

Fondu sur ancien.

306-307 — Deux figures **Faune et Faunesse**, n° 1, avec Cornets seulement sans bouquets.

Agrandissement des précédents.

308-309 — Deux grandes figures, **Enfants Hercules**, tenant un brandon dans chaque main sur terrasse, plus deux socles.

Fondu sur ancien.

310-311 — Deux **Enfants**, réduction des précédents, sur terrasse Louis XV.

312-313 — Deux **Enfants assis**, avec Cornet seulement.

314-315 — Deux **Enfants**, première réduction des précédents.

316-317 — Deux **Enfants**, deuxième réduction des précédents.

318-319 — Les **Quatre Saisons**, quatres figures à gaînes pour candélabres à trois consoles et lambrequin. Sans lumières.

320-321 — Deux **Figures d'enfants**, pour candélabres sur terrasse, avec Tête de sanglier.

Fondu sur ancien.

322-323 — Deux **Figures d'enfants** assis, Agriculture.

324-325 — Deux **Figures d'enfants** debout.

Fondu sur ancien.

326-327 — Deux **Figures de femmes** pour candélabres avec Cornets.

Fondu sur ancien.

328-329 — Deux **Figures de femmes** avec enfants.

330-331 — Deux **Figures de femmes** et enfants voltigeant, n° 1.

Fondu sur ancien.

332-333 — Deux **Figures**, réduction des précédentes, n° 2.

334-335 — Deux **Figures de femmes** pour candélabres.

Fondu sur ancien.

336-337 — Deux **Figures de femmes** pour candélabres.

Fondu sur ancien.

338-339 — Trois **Figures d'homme**, femme et enfants, pour candélabres.

340-341 — Deux **Figures d'enfants** ailés avec draperie sur socle rond, pour candélabres.

342 — Garniture de deux Têtes de femme avec feuilles et ornements accessoires pour cheminée.

343-344 — Deux **Figures de Femmes debout** pour grands candélabres.

En plâtre seulement moulé sur ancien.

Les candélabres anciens étaient aux Tuileries.

FLAMBEAUX ET BOUGEOIRS

345 — Flambeau **Louis XIII,** grand modèle, pied contourné, balustre.

Fondu sur ancien.

346 — Flambeau **Louis XIII,** à console, boule gravée, pied contourné.

Fondu sur ancien.

347 — Flambeau **Louis XIII,** pied contourné, à petites oves, ornements fins en relief.

Fondu sur ancien.

348 — Flambeau **Louis XIII**, pied rond, balustre tors, ornements fins en reliefs.

349 — Flambeau **Louis XIII**, pied uni contourné balustre à côtes.

Fondu sur ancien.

350 — Flambeau **Louis XIII,** pied contourné, balustre triangulaire quadrillé.

Fondu sur ancien.

351 — Flambeau **Louis XIII,** pied contourné, balustre, triangulaire.

Fondu sur ancien.

352 — Flambeau **Louis XIII,** pied contourné à petites oves, ornements fins en relief.

Fondu sur ancien.

353 — Flambeau **Louis XIV**, grand modèle, Femmes syrènes, médaillon à fleurs.

354 — Flambeau **Louis XIV,** grand modèle, tige carrée, pied à Têtes de lion.

Fondu sur ancien.

355 — Flambeau **Louis XIV**, grand modèle, pied contourné, trois saillies, balustre à guirlande.

Fondu sur ancien.

356 — Flambeau **Louis XIV**, grand modèle, balustre à Têtes de femme avec draperie, pied à enroulements.

Fondu sur ancien.

357 — Flambeau **Louis XIV,** grand modèle, balustre à Têtes de lion et guirlandes, pied appliques de fleurs.

Fondu sur ancien.

358 — Flambeau **Louis XIV,** pied à gros canaux, balustre avec fleurons.

Fondu sur ancien.

359 — Flambeau **Louis XIV,** pied à médaillons, bobèche à guirlandes.

Fondu sur ancien.

360 — Flambeau **Louis XIV,** grand modèle, pied à médaillons, bobèche à guirlandes.

Fondu sur ancien.

361 — Flambeau **Louis XIV,** balustre à pilastre, pied motifs d'ornements.

Fondu sur ancien.

362 — Flambeau **Louis XIV,** pied à fleurons et piastres, bobèches à guirlandes.

Fondu sur ancien.

363 — Flambeau **Louis XIV,** balustre uni, pied à oves à trois griffes.

Fondu sur ancien.

364 — Flambeau **Louis XIV,** pied à médaillons.

Fondu sur ancien.

365 — Flambeau **Louis XIV,** balustre carré, Tête de satyre et guirlandes (sans bobèche).

Fondu sur ancien.

366 — Flambeau **Louis XIV,** à deux branches, pied à guirlandes.

Fondu sur ancien.

367 — Flambeau **Louis XV,** grand modèle, balustre à Enfants, modèle riche.

Fondu sur ancien.

368 — Flambeau **Louis XV,** grand modèle, pied contourné à feuilles.

Fondu sur ancien.

369 — Flambeau **Louis XV,** balustre à coquilles, pied à palmettes.

Fondu sur ancien.

370 — Flambeau **Louis XV,** balustre à guirlandes de fleurs.

Fondu sur ancien.

371 — Flambeau **Louis XV,** balustre rond et pied à coquille.

Fondu sur ancien.

372 — Flambeau **Louis XV,** pied à feuilles contournées.

Fondu sur ancien.

373 — Flambeau **Louis XV,** balustre triangulaire à côtes, Têtes de bélier, pied à médaillon.

Fondu sur ancien.

374 — Flambeau **Louis XV,** balustre abeille, pied riche.

Fondu sur ancien.

375 — Flambeau **Louis XV,** balustre à pied à rayons.
Fondu sur ancien.

376 — Flambeau **Louis XV,** balustre et pied à fleurettes.

377 — Flambleau **Louis XV,** pied contourné, partie unie avec gravure.
Fondu sur ancien.

378 — Flambeau **Louis XV**, balustre et pied à coquille.

379 — Flambeau **Louis XV**, balustre à coquille, pied contourné à cannelures.
Fondu sur ancien.

380 — Flambeau **Louis XV**, balustre, petite coquille et gravure, pied contourné.
Fondu sur ancien.

381 — Flambeau **Louis XV**, balustre, petite coquille, sans gravure.
Fondu sur ancien.

382 — Flambeau **Louis XV**, balustre à coquille, pied contourné à cannelures.
Fondu sur ancien.

383 — Flambeau **Louis XV**, balustre rond, pied à ornements.
Fondu sur ancien.

384 — Flambeau **Louis XV**, balustre à fleurettes, pied à coquilles.

Fondu sur ancien.

385 — Flambeau **Louis XV**, balustre à coquilles, pied contourné à cannelures, petit modèle.

Fondu sur ancien.

386 — Flambeau **Louis XV**, pied à papillons.

Fondu sur ancien.

387 — Flambeau **Louis XV**, balustre et pied à petits feuillages.

Fondu sur ancien.

388 — Flambeau **Louis XV**, balustre à coquille, pied contourné, partie unie.

Fondu sur ancien.

389 — Flambeau **Louis XV**, pied à baguette et rubans.

Fondu sur ancien.

390 — Flambeau **Louis XV**, pied avec gravures et petits motifs.

391 — Flambeau **Louis XV**, pied contourné, avec enroulement gravé.

Fondu sur ancien.

392 — Flambeau **Louis XV**, petit modèle, pied à rayons et pointillé.

Fondu sur ancien.

393 — Flambeau **Louis XV**, petit modèle, rocaille avec bassin.

394 — Flambeau **Louis XV**, petit modèle bas avec fleurettes.

Fondu sur ancien.

395 — Flambeau **Louis XV**, balustre et pied avec fleurs et gravé.

Fondu sur ancien.

396 — Flambeau **Louis XV**, pied à patins.

Fonte seulement.

Fondu sur porcelaine ancienne.

397 — Flambeau **Louis XV**, pied contourné à coquilles.

Fonte seulement.

Fondu sur ancien.

398 — Flambeau **Louis XV**, balustre et pied simple.

Fonte seulement.

Fondu sur ancien.

399 — Flambeau **Louis XVI**, grand modèle, à quatre consoles, Têtes de femme, pied à feuilles d'acanthe.

Fondu sur ancien.

400 — Flambeau **Louis XVI**, Marie-Antoinette, à trois consoles, Têtes d'anges.

Fondu sur ancien.

401 — Flambeau **Louis XVI**, grand modèle, à trois Têtes de femme, sur pied à jour.

Fondu sur ancien.

402 — Flambeau **Louis XVI**, à trois consoles, Têtes de bélier, pied à jour.

Fondu sur ancien.

403 — Flambeau **Louis XVI**, grand modèle, balustre et pied à canaux.

Fondu sur ancien.

404 — Flambeau **Louis XVI**, balustre et pied à canaux.

Fondu sur ancien.

405 — Flambeau **Louis XVI**, grand modèle, balustre à guirlandes, pied à feuilles d'acanthe.

Fondu sur ancien.

406 — Flambeau **Louis XVI**, grand modèle, pied à feuilles sur cannelures et olives.

Fondu sur ancien.

407 — Flambeau **Louis XVI**, grand modèle, balustre et pied à canaux avec rubans.

Fondu sur ancien.

408 — Flambeau **Louis XVI**, grand modèle, balustre à guirlandes, pied à fleurettes.

Fondu sur ancien.

409 — Flambeau **Louis XVI**, grand modèle, balustre à guirlandes, pied à tors de lauriers, feuilles et fleurons.

Fondu sur ancien.

410 — Flambeau **Louis XVI**, à perles.

Fondu sur ancien.

411 — Flambeau **Lonis XVI,** balustre et pied cannelé, et petits fleurons.

Fondu sur ancien.

412 — Flambeau **Louis XVI,** balustre et pied à canaux tors, guirlandes de fruits.

Fondu sur ancien.

413 — Flambeau **Louis XVI,** balustre et pied à canaux, cercle à feuilles d'eau.

Fondu sur ancien.

414 — Flambeaux **Louis XVI,** à guirlandes et tors de laurier.

Fondu sur ancien.

415 — Flambeau **Louis XVI,** balustre et pied à canaux tors, guirlandes de fruits.

Fondu sur ancien.

416 — Flambeau **Louis XVI,** balustre et pied à canaux tors, guirlandes de fruits.

Fondu sur ancien.

417 — Flambeau **Louis XVI,** grand modèle, balustre et pied à petites cannelures.

Fondu sur ancien.

418 — Flambeau **Louis XVI,** grand modèle, pied à canaux, fleurons et tors de laurier.

Fondu sur ancien.

419 — Flambeau **Louis XVI,** grand modèle, balustre et pied cannelé avec petits fleurons et feuilles d'eau.

Fondu sur ancien.

420 — Flambeau **Louis XVI,** grand modèle, à perles.

Fondu sur ancien.

421 — Flambeau **Louis XVI,** à cannelures et feuilles d'eau.

Fondu sur ancien.

422 — Flambeau **Louis XVI,** grand modèle, balustre à canaux, pieds à feuilles.

Fondu sur ancien.

423 — Flambeau **Louis XVI,** grand modèle, pied uni à feuilles d'eau.

Fondu sur ancien

424 — Flambeau **Louis XVI,** petit modèle bas, à deux guirlandes, sur pied à petits godrons.

Fondu sur ancien.

425 — Flambeau **Louis XVI**, balustre à guirlandes et tors de laurier.

Fondu sur ancien.

426 — Trois Modèles de grands Flambeaux unis.

427 — Flambeau **Louis XV,** balustre à coquille.

Fonte seulement.

Fondu sur ancien.

428 — Flambeau **Louis XV,** balustre à papillons.

Fonte seulement.

Fondu sur ancien.

429 — Flambeau **Louis XVI,** balustre et pied à cannelures torses.

Fonte seulement.

Fondu sur ancien.

430 — Flambeau **Louis XVI,** balustre à guirlandes, pied à fleurettes.

Fonte seulement.

Fondu sur ancien.

431 — Flambeau **Louis XVI**, pied à cannelures, torses et feuilles.

Fonte seulement.

Fondu sur ancien.

432 — Flambeau **Louis XVI**, balustre cannelé, pied à doucine unie.

Fondu sur ancien.

433 — Flambeau **Louis XVI,** grand pied à trois motifs de rinceaux et tige droite cannelée.

Fondu sur ancien.

434 — Flambeau **Renaissance,** grand modèle.

435 — Flambeau **style oriental,** bas de forme ronde.

436 — Deux Bougeoirs **Louis XV.**

Fondu sur ancien.

437 — Bougeoir **Louis XV,** fond uni, cercle orné.
Fondu sur ancien.

438 — Bougeoir **Louis XIII.**
Fondu sur ancien.

439 — Bougeoir **Louis XVI,** cercle moleté à anneaux

440 — Bougeoir **Louis XVI,** fond à raies, cercle moleté à anneaux.

441 — Bougeoir uni, à papillon et anneau.

VASES

442 — Vase de **Versailles,** Enfants penseurs.
Moulé sur l'original.

443 — Vase de **Versailles,** anse Tête d'hommes femme et sanglier.
Moulé sur l'original.

444 — Vase de **Versailles,** à Sphynx.
Moulé sur l'original.

445 — Vase de **Versailles,** à Têtes de sanglier.
Moulé sur l'original.

446 — Vase de **Versailles,** Têtes de lion et anneaux.
Moulé sur l'original.

447 — Vase de **Versailles,** à Têtes de loup.
Moulé sur l'original.

448 — Vase de **Versailles,** avec dragons.
Moulé sur l'original.

449 — Vase de **Versailles,** anses Enfants satyres.
Moulé sur l'original.

450 — Vase de **Versailles,** Zodiaque.
Moulé sur l'original.

451 — Vase de **Versailles,** anses Têtes de vieillards.
Moulé sur l'original.

452 — Vase de **Versailles,** anses Syrènes.
Moulé sur l'original.

453 — Vase **Louis XIV,** à bas-relief, avec couvercle, Enfant et Chèvre.

454 — Vase **Louis XIV,** réduction du précédent.

455 — Vase **Médicis** en *galvano,* avec deux figures fonte ciselée.
Fondu sur ancien.

456 — Vase **forme œuf,** à feuilles et anses contournées sur pied.

457 — Vase **forme œuf,** réduction du précédent.

SURTOUT DE TABLE STYLE LOUIS XIV

458 — Grande **Corbeille ovale,** à anses, sur pied à quatre consoles, Tête de bélier.

459 — Grand **Vase rond** avec anses sur pied à deux consoles et fleurons.

460 — Grande **Cassolette** à trois consoles avec lumière.

461 — Grand **Candélabre** à trois consoles avec lumière,

462 — Pied pour **Compotier**, n° 1, à deux consoles et fleurons.

463 — Pied pour **Assiette**, n° 2, à deux consoles et fleurons.

464 — Pied pour **Assiette**, n° 3, à deux consoles et fleurons.

465 — Pied pour **Étagère** à trois consoles.

DIVERS

466 — Garniture **Feuilles** anse et pied, pour vase marbre.

467 — Grand Socle **Louis XIV**, pied à griffe à quatre faces.

468 — Pied carré **Louis XIV**, à têtes de femme à deux faces.

469 — Monture pour **Grand Vase**, marbre, guirlandes et chutes, têtes de lion, branche et brandon.

470 — Encrier **Louis XV**, petit modèle.

471 — Console **Louis XV** pour pendules.

472 — Gros Enfant à la Cage, sans socle.
Fondu sur ancien.

300

A. Maulde et Cie, imprimeurs de la Compagnie des Commissaires-Priseurs, rue de Rivoli, 144. 600—4307

www.ingramcontent.com/pod-product-compliance
Ingram Content Group UK Ltd.
Pitfield, Milton Keynes, MK11 3LW, UK
UKHW020444180726
13839UKWH00004B/1623

9 782329 485379